Klaus Puth

# Das kleine QuEntchen Glück

moses.

2. Auflage 2018

Originalausgabe

moses. Verlag GmbH
Arnoldstraße 13 d
47906 Kempen
CH: Dessauer - 8045 Zürich
www.moses-verlag.de

ISBN 978-3-89777-979-2



© Texte und Illustration: Klaus Puth
Agentur: Lorenz Schayer Licensing, Köln
Covergestaltung: Melanie Dahmen
Repro, Layout, Typographie und Satz: typocepta, Köln
Redaktion: Bernhard Suchy

Hallo, schön dich zu sehen!

Wie jetzt? Du kennst mich nicht?!
Na hör mal, ich bin es doch!
Dass du mich nicht erkennst, find ich jetzt erstmal
nicht so okay.
Schließlich bin ich immer da, wenn du mich brauchst.
Und gebraucht werde ich eigentlich immer.
Na gut, manchmal lass ich dich ein bisschen warten.

Oder bin spät dran.
Schließlich bin ich sehr beschäftigt und kann nicht immer gleichzeitig überall sein.
Meistens bin ich aber nicht zu spät und du kannst dich auf mich verlassen.
Ehrlich!
Und du bist immer froh, wenn du mich hast.

Zum Beispiel im Job oder in der Schule …

Wenn du pünktlich aus dem Haus musst.

Oder einen wichtigen Termin hast.

Ich denke für dich mit,

löse kleine und größere Probleme,

räume Hürden aus dem Weg,

und helfe dir bei den Prüfungen des Lebens.

Denn vielleicht willst du ja mit mir mal ganz nach oben.

Und überhaupt. Wer ...

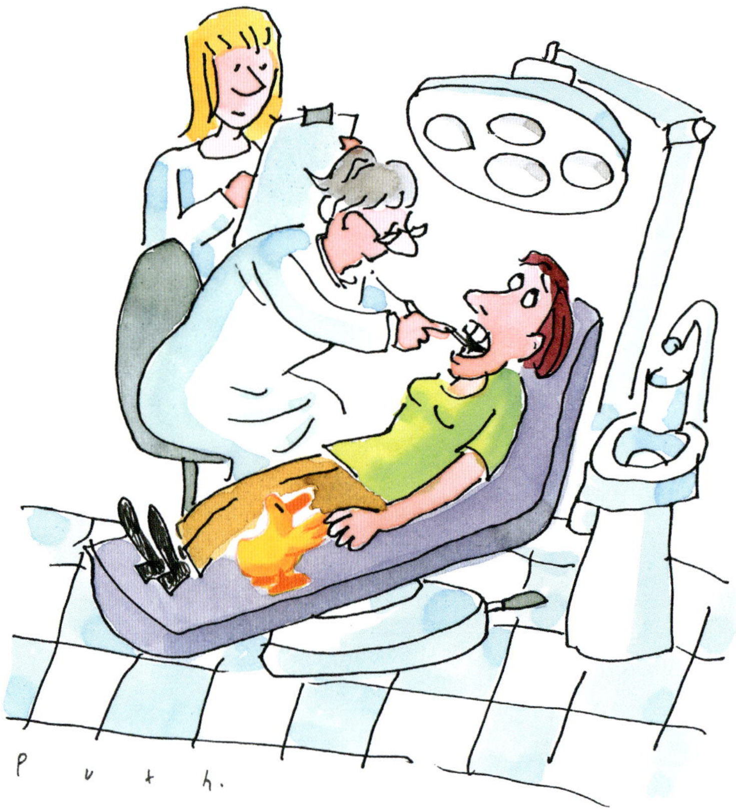


nimmt dem Arztbesuch den Schrecken ...

und verkürzt die Wartezeit?

Wer sorgt für Logenplätze,

umfährt alle Staus ...

und findet die neue Wohnung?

Du hast es gerne sportlich?

Ich mache die Big Points,

treffe (fast) immer ins Schwarze,

bleibe cool,

behalte die Nerven ...

und ziehe für dich die dicken Fische an Land.

Nebenbei: Einen Elfmeter verwandele ich mit links.

Und die Liebe?

Keine Sorge!

Ich mache den Briefträger …

oder Blumenlieferanten,

helfe ein bisschen nach;

und manchmal werde ich auch richtig kreativ.

Und im Urlaub hab ich Pause, denkst du?

Aber hallo ...

Wer denkt denn an alles,

kümmert sich um den besten Platz,

oder sorgt für das Zimmer mit Meerblick?

Mit mir an Bord kannst du entspannt reisen.

Egal wohin.

Ich kenne den richtigen Weg.

Eigentlich gibt es mich schon immer.
Ich war schließlich da, wenn es darum ging, ...

die besten Ideen zu haben,

Neuland zu betreten,

den richtigen Zeitpunkt nicht zu verpassen,

ein Lächeln in die Welt zu zaubern,

obwohl selbst ich auch mal überfordert bin.

Noch Zweifel?

Dann versuch doch mal ohne mich ...

die Bolognese unfallfrei zu essen,

kontoschonend zu shoppen,

in der Innenstadt einen Parkplatz zu finden,

oder den passenden Wagen.

Oder nur mal eine Auszeit zu genießen.

Siehst du?

Klappt nicht.

Also verlass dich auf mich,

wenn es darum geht …

die richtigen Entscheidungen zu treffen,

die schönsten Plätze zu finden,

die wahren Schätze nicht zu übersehen,

und zur richtigen Zeit am richtigen Ort zu sein.

Apropos Wiedersehen: Wir sehen uns bald wieder.
Dann erkennst du mich hoffentlich.
Ich bin es nämlich:

Dein kleines QuEntchen Glück.